A. DENIS

APPEL AU BON SENS

L'AVENIR

DE

L'OUVRIER

Prix : 0 fr. 25

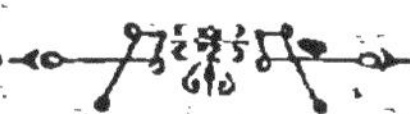

TOURS
IMPRIMERIE DANJARD ET KOP
Rues de l'Élysée, 39, et du Hallebardier, 21

1888

APPEL AU BON SENS

L'AVENIR DE L'OUVRIER

PREMIÈRE PARTIE

I

C'est au bon sens des populations laborieuses que je m'adresse ici.

Ouvriers de Paris, travailleurs de province! le même intérêt nous domine.

Aujourd'hui, les portes de Paris sont aux frontières de la France. Les campagnes & les villes se donnent la main; l'entente entre tous est désormais facile. Les revendications du prolétariat sont demeurées à peu près vaines jusqu'ici, elles peuvent et doivent, dans l'avenir, porter leurs fruits. Tout dépend de la sagesse et de la bonne volonté des intéressés.

Jusqu'à ce jour, nous avons fait fausse route, par des motifs parfaitement tangibles. Nous avons des vices d'origine qu'il nous faut préalablement détruire, si nous voulons réussir, et leur extirpation devient, selon moi, de plus en plus possible, pourvu que nous sachions faire bon marché de nos préjugés, de nos haines de sectes et de partis.

L'expérience nous a démontré qu'il nous faut autre

chose que tel ou tel régime politique pour produire quelque amélioration dans le sort de la classe ouvrière.

Tout régime peut et doit n'être qu'un accessoire : les intitutions sont tout.

Les lois qui nous régissent sont démodées et entravent pour la plupart le progrès ; il faut les abolir et en créer de modernes, qu'il nous sera facile d'inspirer d'imposer même, au législateur.

L'important est de méditer avec sagesse sur nos besoins réels, immédiats, avant de nous égarer dans les abstractions de la politique ou des religions.

Ce sont les mœurs d'un peuple qui créent les institutions. On ne résiste pas à une volonté unanime. Si donc, nous n'avons rien fait jusqu'ici d'appréciable pour améliorer notre sort, c'est que nous avons manqué d'entente, d'unité.

C'est de nous-mêmes, les intéressés, que doivent sortir les réformes qui nous semblent nécessaires ; car, soyez sûrs, que ce ne sont pas ceux qui spéculent sur nos divisions, qui viendront nous offrir les moyens de nous passer d'eux.

C'est pour tenter un premier essai de concentration que j'écris cette première partie « l'*Avenir de l'Ouvrier*. » Le système que je propose est peut-être critiquable, rien n'est parfait ici-bas ; mais je le crois très praticable, et c'est quelque chose.

II

On a beaucoup écrit sur les questions sociales. Il s'est dit certainement de fort bonnes choses, je veux le croire, car je n'ai pas tout lu ; malheureusement, bon nombre d'écrivains socialistes ou soi-disant tels, trop préoccupés du débit de leur œuvre, se sont appliqués à créer des situations hypothétiques plus sourlantes à l'imagination du lecteur que réalisables en principes : Utopies dans de riants mirages.

Et si vous me demandez pourquoi ces gens, fort sensés-la plupart, se sont permis ces mystifications à votre égard, je vous répondrai avec toute la sincérité que j'aurais voulu rencontrer chez eux, que c'est parce qu'ils savaient que malheureusement les hommes ont souvent peur de la vérité.

La vérité a des laideurs incontestables, en socialisme, tenez cela pour certain, et si le progrès a tant de peine à pénétrer chez nous, c'est qu'il trouve pour lui barrer le chemin, notre orgueil, notre égoïsme et notre peur de l'inconnu.

Ayons le courage de contempler en face ces vérités inéluctables.

Je dis notre orgueil, parce qu'au fond nous sommes très fiers de nous entendre répéter que notre époque est bien supérieure aux temps qui l'ont précédée, ce qui nous empêche évidemment de nous appesantir sur nos misères présentes et nous amène, par conséquent, à l'insouciance d'en rechercher les remèdes.

Je dis notre égoïsme, parce que le « chacun pour soi » est encore en France la loi la plus respectée. — Je n'irai pas à tel progrès, parce qu'il m'en coûterait des sacrifices qui ne me rapporteraient rien et dont bénéficieraient seuls ceux qui viendront après moi : chacun pour soi.

Voilà ce que nous laissons entendre sous toutes les formules, et qui pis est, ce que nous pensons sans oser l'avouer ouvertement; car nous avons peur de l'inconnu, ce qui nous mène à la défiance, cette digne sœur de la jalousie; et de ces sentiments à la haine, il n'y a que la main.

Or, comment voulez-vous que des gens qui se détestent arrivent à édifier un régime plus en rapport avec leurs aspirations secrètes et légitimes ?

Tolérer, aider, pardonner, trinité sociale que résume parfaitement le mot « aimer. » Donc, aimez-vous d'abord et vous serez unis; et de cette union, basée sur le plus sublime des sentiments humains, naîtront sans trop d'efforts, les progrès qui font l'objet de nos éternelles revendications.

III

Avant d'aller plus loin, il est bien entendu que les idées que j'émets dans cette étude me sont personnelles, et que ma prétention ne va pas jusqu'à vouloir les imposer à personne. Je ne suis pas un savant : j'écris comme je pense. Fils d'ouvrier et travailleur moi-même, je me suis appliqué à étudier les hommes et les choses, autant par la lecture que par l'observation de ce qui se passe autour de moi. J'ai toujours eu pour principe de me demander le « pourquoi » de tout ce qui me frappait, et comme l'on ne tergiverse pas avec sa conscience, il suffit d'un peu de jugement pour extraire par ce procédé, les solutions qui se rapprochent le plus de ce qui nous paraît la vérité.

Si donc je me trompe, j'espère qu'il s'en trouvera pour rectifier mes erreurs, et cela pour le plus grand bien de l'humanité.

On ne trouvera pas ici non plus de principes politiques tels qu'on les entend encore malheureusement. La politique des temps modernes n'est qu'un vaste désert, où se plaisent à nous égarer des particuliers qui ne sont, la plupart du temps guidés eux-mêmes que par leur intérêt personnel. Nous les suivons naïvement sur le sable mouvant qu'ils glissent sous nos pas, avec la fallacieuse intention de nous forcer à recourir à leur appui, sachant bien que nous ne prenons pas toujours le temps de penser suffisamment nous-mêmes. Ils flattent notre orgueil en nous déclarant leurs maîtres, et nous nous laissons bêtement prendre à leurs théories, qui ont pour but, remarquez-le bien, de diviser nos forces, d'embrouiller toutes nos idées; si bien qu'il arrive que, le moment venu de nous ntendre, nous nous contredisons tous, lorsqu'au fond, nous sommes parfaitement en communion d'idées.

Et nous nous croyons des gens éclairés, instruits même.

J'ai lu quelque part à peu près ceci; écoutez et méditez, mes amis.

« Il y a trois manières d'être ignorant:

« Ne rien savoir;

« Savoir mal ce que l'on sait.

« Savoir autre chose que ce que l'on devrait savoir. »

Voilà une définition de l'ignorance aussi profonde que sensée.

Oui: ne rien savoir est triste.

Savoir mal ce que l'on sait est mauvais.

Et savoir autre chose que ce que l'on devrait savoir est pire.

Ayons le courage de nous tout avouer; c'est le seul moyen d'assainir notre jugement.

Comme introduction au chapitre suivant, laissez-moi placer ici cette petite pièce de vers, que nous intitulerons:

UNE CONFÉRENCE ..... RATÉE

Un vieux philosophe moderne
Qui prenait, en réalité,
La lumière de sa lanterne
Pour celle de la vérité,
Organisait des conférences
Pour enseigner ses préférences
Et se faire des partisans.
On dit, et le fait est notoire,
Qu'il composait son auditoire
D'ouvriers et de paysans.
« Peuple! déclamait-il, que j'aime et que j'admire,
« Dans un sincère élan, laisse-moi te redire
« Combien tu m'apparaît grand dans ta liberté.
« Sublime travailleur! modeste en ta fierté;
« Lion victorieux des tyrans et des trônes,
« Quels exemples puissants aux nations tu donnes!
« Toi qui pourrais de front marcher avec le grand,
« Tu sais rester petit, humble et persévérant.
« Tes travaux surhumains ont ennobli la race.
« Tu résous l'impossible avec autant de grâce
« Et de facilité, superbe travailleur!...
« Assez, interrompit un jour d'un ton railleur
« Un brave campagnard aussi hardi que sage.
« Te moques-tu de nous ?... J'ai fait apprentissage
« Une charrue en main, et je connais tous ceux
« Qui sont autour de moi, je travaille avec eux.
« Si ce sont nos travaux qui te font pâmer d'aise,
« Dis-le nous sans quitter le coussin de ta chaise.
« Redis-nous qu'il te plaît de nous voir libéraux,
« Sans nous gratifier du titre de héros.
« Ne nous décerne pas, dans la fougue oratoire,
« Les lauriers réservés aux acteurs de l'histoire.
« Notre rôle, ici-bas, n'est pas aussi bruyant,
« Mais son éclat, ma foi, n'en est pas moins brillant.

« Nous cultivons la terre avec persévérance,
« De ses riches produits nous nourrissons la France.
« Fiers, mais soumis devant qui sait nous gouverner,
« Nous n'aimons pas les gens qui viennent nous berner
« L'enthousiasme feint n'a plus rien qui nous touche.
« Ainsi, vieux philosophe apprends donc de ma bouche
« Que tous tes beaux discours ne sont plus de saison.
« De notre vieux bon sens tu n'aurais pas raison. »

    Sur ces paroles mémorables,
    Le philosophe furieux
    Murmure : Tas de misérables !
    De misérables et de gueux !
    Si j'osais ici vous le dire !
    Puis il salue et se retire
    Aussi penaud que le renard...
    Et, ce qu'on aurait peine à croire ;
    Il s'en trouva dans l'auditoire
    Pour blâmer notre campagnard.

IV

Campagnard, Paysan ; noms que l'on prononce avec un certain dédain.

Encore un préjugé qu'on entretient chez nous avec le plus grand soin, et pour cause ; mais dont je vous supplie, moi, de vous défaire, car il n'a plus vraiment de raison d'être.

Je veux parler de cette sorte d'antagonisme que l'on a su créer et entretenir de citadin à rural, ou mieux encore de « parisien » à « campagnard » car hélas ! pour nombre de « parisiens » modernes, le Lillois est encore un campagnard.

Préjugé, ai-je dit, parce que je sais qu'il y a quelque cinquante ans, la chose avait du vrai, et que cette opinion est demeurée très enracinée dans l'esprit parisien ; ce qui nuit énormément à l'entente si nécessaire entre tous les membres de la grande famille des travailleurs français.

Pour qu'on ne me croie pas plus intéressé que de raison à soutenir cette thèse, je crois devoir déclarer tout d'abord que je suis moi-même parisien, « natif de Paris » ce qui fait que j'en puis parler à mon aise.

Or, je vois et j'entends journellement des « pays » nés à Carpentras ou ailleurs, mais qui habitent la capitale depuis plus de dix ans... ou même moins, qui parlent avec un dédain superbe des paysans de Rouen ou du Havre.

Sans citer Lyon ni Marseille, auxquelles ils veulent bien concéder le nom de villes, on les étonne fort lorsqu'on leur soutient qu'il y a des gens d'initiative à Bordeaux, à Dijon, à Toulouse ; on les irrite en leur avouant que l'on a rencontré des hommes d'esprit à Tours, à Brest, à Nantes. Allons donc ! esprit et initiative sont les indigènes de Paris.

Mais, braves gens que vous êtes, vous raisonnez ainsi parce que vous êtes de véritables casaniers, qui croyez avoir fait une belle partie de campagne, lorsque vous avez été le dimanche jusqu'à Malakoff ou aux Buttes-Chaumont. Je vous affirme sérieusement, moi, qu'il y a des électeurs bien au-delà de ces deux points extrêmes de la capitale; et qui plus est, que tous ces électeurs connaissent ou du moins ont visité notre beau Paris, et qu'ils savent au moins aussi bien que vous ce qui s'y passe.

Le télégraphe et les chemins de fer ont supprimé les distances, de même que la presse parisienne et départementale ont nivelé les esprits ; seulement la différence qui existe entre vous et les ouvriers de province, c'est que ceux-ci lisent leurs journaux et les vôtres et viennent visiter votre ville, tandis que vous ne lisez, en général, que votre feuille attitrée et que vous demeurez chez vous, situation qui, vous l'avouerez, n'est pas suffisante pour justifier vos dédains.

Habituez-vous donc à considérer l'homme de France comme votre égal. Nous ne sommes pas des êtres à part; et si Paris renferme bien des gloires, elles ne sont pas toutes du crû. On s'en apercevra lorsque la décentralisation sera plus effective; car, pour être juste, il faut aussi mettre à la charge du provincial ce stupide préjugé qui interdit tous progrès locaux, que tout ce qui ne sort pas de Paris manque de saveur.

De cette façon, ils ont l'air de nous donner raison quand nous les traitons « d'arriérés » tandis que s'ils avaient plus de justice, moins de défiance et de jalousie envers leurs concitoyens, ils pourraient voir chez eux des choses qui ne leur coûteraient pas le voyage de Paris. Ils poussent donc un peu du côté que nous tirons, et c'est précisément là ce qui nous empêche de voir que nous sommes dans le faux. Je veux dire que nous nous abusons sur nos propres mérites, et sans nous en apercevoir, nous allons, nous nous « emballons », et nous allongeons tellement le pas pour tenir la tête, que nous avons l'air de faire le grand écart; et si nous n'y prenons garde, l'ouvrier de la province, mieux en situation que nous de réfléchir, se séparera de nous, ne tenant pas à nous suivre dans cette voltige vertigineuse qui nous entraîne vers un but indéfini.

Et il faut à tout prix éviter cette scission entre travailleurs français. Sachez que par sa cohésion, l'ouvrier forme le groupe le plus puissant de la nation. Voilà pourquoi on nous flatte, et que ceux qui y ont intérêt cherchent à nous diviser.

Mais, me demanderez-vous, quel intérêt peut-on avoir à nous diviser?

Eh! mon Dieu! simplement celui-ci : l'intérêt personnel :

N'étant pas unis, vous n'avez aucune force, et vous êtes obligés d'avoir recours à des gens qui font adroitement leurs, les affaires que vous leur confiez.

Oh! il ne leur coûte guère de promettre : Leurs programmes électoraux sont bondés de réformes aussi avantageuses pour vous qu'inabordables à leur nullité ; leurs journaux sont remplis de phrases sonores à force d'être creuses, et vous attendez benoîtement sous l'orme avec la confiance qui vous caractérise.

Puisque Paris est le cœur et la tête de la France, dites-moi un peu, mes amis, ce que depuis dix-huit ans que nous croyons être en République, vous avez obtenu de réformes bienfaisantes pour l'amélioration de votre sort, de tous vos conseillers municipaux, et de vos députés républicains ou autres; car, encore une fois, il ne s'agit pas ici de combattre ou d'exalter tel ou tel régime, peu nous importe l'étiquette, qui n'est rien, en somme; c'est du progrès, de notre bien-être qu'il s'agit. Qu'a-t-on fait ?

Pour répondre sans trop d'embarras, remontez à vingt années de distance, par exemple, et demandez-vous : Qu'étais-je alors? que suis-je aujourd'hui ?

Ne pas perdre de vue que je m'adresse exclusivement à l'ouvrier, à celui qui vit d'un métier, quelqu'il soit, qui fait un travail manuel, à Paris ou en province, en un mot à l'ensemble de la masse laborieuse; et, lui faisant la part belle en supposant que cet homme n'a jamais éprouvé ni chômage, ni maladie, je lui demanderai où il en est; s'il entrevoit le jour où il pourra jouir de quelque repos bien mérité par son application à remplir tous ses devoirs sociaux.

La réponse est facile à prévoir.

Or, l'homme qui donne tout ce qu'il doit à la société, n'a-t-il pas le droit d'exiger en retour, et à un moment donné, certaines compensations?

Si : Tout le monde le sait, tout le monde le sent, et néanmoins, rien ne se fait.

Pourquoi?

V

N'usons pas nos instants à raisonner dans le vide : allons droit à la vérité qui, seule, peut nous mener à une conclusion logique.

Lorsque nous reprochons à ceux que nous appelons nos gouvernants de ne rien faire pour l'amélioration de notre sort, qu'entendons-nous par là? Est-ce de notre sort politique, matériel, moral que nous voulons parler?

Rappelez-vous vos réunions électorales, et dites-moi franchement si vous avez jamais entendu formuler par les électeurs en présence de leurs candidats, des principes tendant à une amélioration sociale agréée, appréciée par tous les intéressés également?

Hélas! non.

L'un parle pour montrer qu'il connaît des mots qu'il peut placer ailleurs que dans la conversation; l'autre pour se plaindre du gouvernement actuel; celui-là pour répéter que quand le bâtiment ne va pas rien ne va; celui-là pour foudroyer la police. Une voix demande l'instruction laïque; une autre le service militaire pour tous; une autre la laïcisation universelle; la dénonciation du concordat, la création d'écoles; la création d'asiles de nuit, l'érection d'une statue; en un mot, la réalisation de mille choses qui n'ont le plus souvent que des rapports fort éloignés avec le besoin de bien-être que nous sentons en nous, et que l'on se garde bien d'exprimer de peur d'être taxé d'égoïsme.

Alors, qu'arrive-t-il ?

En présence de vœux si multiples, le malheureux candidat s'empresse d'établir un programme qui donne satisfaction à chacun, promettant de contenter tout le monde, c'est-à-dire personne.

Comment voulez-vous que cet homme, si bien intentionné soit-il, puisse vous suivre dans le cahos de toutes vos conceptions?

Députés et conseillers municipaux sont faits à l'image des électeurs. Entendez-vous d'abord sur ce que vous avez à revendiquer ; donnez leur un mandat déterminé et unique, et il y a gros à parier que, sachant au juste ce qu'ils ont à faire, ils arriveront à des résultats profitables à tous.

Étant donné que les élus sont des hommes comme d'autres, encore serait-il nécessaire, ou tout au moins opportun, à mon avis, de leur préparer la besogne afin de faciliter leur tâche qui n'est pas toujours sans difficultés.

Qui empêcherait, par exemple, que l'on créât à Paris un comité central d'ouvriers — puisqu'il s'agit ici d'ouvriers — comme l'on pourrait d'ailleurs en créer pour toute autre catégorie de citoyens, et que ce comité mît une ou plusieurs questions véritablement sociales à l'étude pendant une législature ?

Les comités départementaux saisis des mêmes questions, les travailleraient, les mûriraient de leur côté, pour les imposer ensuite à leurs mandataires, qui pourraient, sans rien perdre de leur dignité, accepter un tel mandat impératif, étant certains d'avance que tous leurs collègues auraient également reçu mission de voter la chose demandée.

Et ainsi l'on obtiendrait peu à peu ce que l'on nous fera attendre longtemps encore, sinon toujours.

A présent, quelle serait la première chose à revendiquer ?

Sans vous être jamais peut-être posé cette importante question, il est plus que probable que vous y répondriez si vous entrevoyiez la possibilité d'une solution satisfaisante.

Eh bien ! je vais ici exposer cette première proposition nécessaire ; celle qui doit primer toutes les autres, parce que résolue, elle nous permettrait le loisir de traiter toutes les autres avec sagesse et persévérance.

Voici d'abord l'exposé de la situation sous forme de monologue, lisez avec votre intelligence, et surtout ne voyez que ce qu'il y a réellement dans ces vers qui résument des sentiments essentiellement humains, c'est-à-dire la révolte de tout ce qu'il y a d'honnête dans l'homme qui se sent injustement souffrir, et jette désespérément sa plainte aux échos. Isolez-vous en pensée un instant et mettez-vous à la place de ce « désespéré. » Laissez les termes: Jugez l'esprit.

Nous pourrons ensuite avec plus de fruit traiter la grande question qui fait l'objet de cette première partie : ...« L'avenir de L'Ouvrier ».

VI

LE DÉSESPÉRÉ

Que le soir, à présent, est donc loin de l'aurore !
J'ai soixante ans sonnés, et je travaille encore.
A peine si les nuits me reposent des jours....
J'ai toujours travaillé... pour travailler toujours;
Jusqu'à ce que mon corps, misérable dépouille,
Ou brisé de fatigue, ou rongé par la rouille

Se refuse au labeur et retourne au néant,
Tout comme s'en ira celui d'un fainéant.
Derrière mon cercueil quelques amis, peut-être,
En parlant de celui qui vient de disparaître
Diront : « Il fut honnête, et son intégrité »
« Lui valut de mourir en pleine pauvreté. »
« Exemple parmi nous assez commun, en somme, »
« Mais qui rapporte trop à la bête de somme. »
« Il est mort : après tout, il était assez vieux ; »
« Quand on ne peut plus rien, s'en aller est le mieux. »
Et tout sera fini. Tout... Une vie entière
Aura pour but final un coin de cimetière.
Ah ! combien l'homme est peu si tout finit en lui,
Et si son lendemain n'est rien plus qu'aujourd'hui !
A quoi sert d'être bon avec persévérance,
Si cinquante ans d'honneur, cinquante ans de souffrance
Et d'abnégation ne me rapportent rien
Que l'espoir d'être un jour enterré comme un chien ?
    Le voleur avisé qui sans nulle vergogne,
Dans la caisse d'autrui tripotte, taille et rogne
Et se fait une part, sans plus se soucier
Du tort qu'il pourra faire à plus d'un créancier,
S'en ira comme moi ; mais quelle différence
Entre sa vie heureuse et ma pauvre existence !
A moi de travailler et de tendre le dos
Sous le poids excessif des plus pesants fardeaux ;
Il me faudra sans cesse admettre sans murmure
Les dédains, la pitié, parfois même l'injure.
Cependant j'accomplis avec honnêteté
Les devoirs que m'impose une société.
Moins juste qu'exigeante, et dont l'âpre égoïsme
N'admet qu'à son profit tout acte d'héroïsme.
Je souffre, je maudis ; mais je m'irrite en vain,
Car à mes six enfants il faut donner le pain.
Au contraire, on verra l'homme sans conscience
Jouir impunément du fruit de sa science
Le monde qu'il défie et trompe sans pudeur
Sourit à ses forfaits... l'argent n'a pas d'odeur.
On le choie ; et pourtant on le connaît, qu'importe !
Il hante les salons, moi je reste à la porte.
Effrontément il peut, avec l'or mal acquis,

Etre partout chez lui comme en pays conquis.
Oh! mes contemporains ! Voilà votre justice:
Sous de brillants dehors, une vertu factice
Suffit pour concentrer vos prédilections ;
Le pauvre n'a pas droit à vos attentions.
Telle est la vérité pénible, indéniable.
Luisant lugubrement aux yeux du misérable.
Qui voit tous ses efforts incompris, méconnus.
    Mais, objecterez-vous, les riches parvenus
Ne sont pas tous ainsi. J'aime à le reconnaître,
N'étant point bassement jaloux de leur bien-être ;
Mais je constate alors, non sans étonnement,
Que vous leur partagez bien indistinctement
Vos soins et vos égards... La Fortune obligeante
En les faisant sortir de la classe indigente,
En a fait des heureux, des gens considérés
Qui nous dédaigneront, nous, les désespérés.
    Jadis, les travailleurs dans leur modeste sphère,
Savaient se contenter de ce qu'ils pouvaient faire.
Dès l'âge le plus tendre on leur avait appris
Que le devoir était au-dessus du mépris ;
Que le pauvre, ici-bas, avec philosophie,
Pouvait vivre à côté du riche, sans envie ;
Que les biens de la terre avaient peu de valeur
Auprès de ceux promis dans un monde meilleur,
Où le Dieu de Justice, en ses mains généreuses,
Réservait, au profit des races malheureuses,
Des trésors infinis qui seraient répartis
Entre tous ses élus... Les grands et les petits
Jetés sur le plateau de la même balance
N'auraient pour les servir alors, d'autre influence
Que celle des vertus pratiquées ici-bas.
Le prolétaire ainsi, ne désespérait pas.
Il allait son chemin oubliant toutes haines,
Bénissant en secret la misère et ses chaînes ;
Il supportait ses maux sans maudire le sort ;
Sa foi le soutenait... La crainte de la mort
Sur son cœur de croyant n'avait aucune prise,
Car l'on brave aisément tout ce que l'on méprise.
Avec ces sentiments il était en état
De prouver, au besoin, qu'il était bon soldat,

Toujours prêt à verser son sang pour la patrie;
Et cela, sans faiblesse et sans forfanterie.
Il allait aux combats, à l'atelier, aux champs,
En jetant aux échos la gaieté de ses chants.
Sottise, direz-vous, ces gens étaient stupides
De croire aveuglément des choses insipides.
Il n'en est pas moins vrai que ce peuple naïf
Enfanta des héros : Voilà le positif.
Aujourd'hui, grâce à vous, messieurs les Fortes-Têtes,
Mes semblables et moi ne sommes plus si bêtes.
Nous discutons sur tout; nous sommes réfléchis;
Nous pensons librement. Nos cerveaux enrichis
Des sublimes beautés de la littérature,
Ont insensiblement changé notre nature.
Le travailleur d'hier, patient, résigné
Au rôle pour lequel il semblait désigné,
Se demande pourquoi, doué d'intelligence
Peut-être plus qu'un autre, il vit dans l'indigence.
« Ne croyez plus au ciel. Dieu, c'est l'ombre de rien »
M'avez-vous répété. Je vous ai cru; c'est bien.
Mais alors je pouvais espérer, je suppose,
Que vous remplaceriez ce « rien » par quelque chose.
J'ai beau suivre avec vous la déesse Raison,
Je ne vois aucun but poindre à votre horizon.
Mon père était croyant; il mourut sans envie,
Grâce à l'espoir secret qu'il eut d'une autre vie :
Ce fut son seul avoir. En somme, pour un gueux
Ce bagage suffit, il peut partir heureux.
Plus instruit, mieux pensant que ne l'était mon père,
Je cherche ce qu'il faut qu'en ce monde j'espère
Puisque je n'ai plus rien à prétendre du Ciel.
Je ne puis désirer qu'un bien matériel,
N'ayant plus à songer à mon âme immortelle,
— Que j'avais pu, du moins, un instant croire telle —
Mais vous m'avez appris que j'errais jusqu'ici.
Je puis donc déposer cet importun souci.
Quand je finis, tout meurt en ma pauvre personne;
Que je sois de Paris ou bien de Carcassonne;
Que je sois un héros ou le plus vil gredin;
Un honnête rural, un brigand citadin,
Un homme intelligent, un fat, un imbécile,

Un travailleur ardent, un paresseux tranquille,
Que je doive le vivre à mon activité,
Ou bien que je le prenne à la mendicité.
N'importe !... Quand la mort viendra clore la lutte,
Pour l'homme elle sera ce quelle est pour la brute.
Perspective engageante et faite, en vérité,
Pour tenter des mortels... sans immortalité.
   Voilà, maîtres nouveaux de l'école nouvelle
Ce que vous avez mis dans ma pauvre cervelle.
Je juge, je raisonne, et je ne sais pourquoi
Je me prends, par instants, à regretter la Foi;
Cette candide Foi qui donnait l'Espérance
Et qui pouvait prêter un charme à ma souffrance.
Pour le déshérité l'espoir a sa valeur.
Un peu d'illusion adoucit le malheur.
Et rien de tout cela désormais ne me reste ;
Mon être est envahi par le doute funeste.
Je vis sans idéal, je suis trop positif.
Tout machinalement j'agis, sans objectif.
Si là sont les clartés de la vaine science,
Rallumez le flambeau de ma jeune croyance ;
Je vivais à son jour sans en être ébloui,
Car j'étais simple alors... Je suis dupe aujourd'hui,
Dupe de vos grands mots, de vos fausses lumières.
Qui ne m'ont juste appris qu'à peser mes misères...
Pauvre désespéré !... Du fond de mon taudis,
Que je puisse mourir sans vous avoir maudits ?

VII

Telles sont les plaintes dont je ne suis que l'écho ;
et voilà résumées les pensées secrètes d'un grand
nombre d'entre nous, et ce que le respect humain, cet
orgueil dégénéré en bêtise, empêche à beaucoup
d'avouer. Mais ce que personne n'osera nier, c'est la
logique du raisonnement.
   Oui; aller sans savoir où l'on va; travailler sans
but, n'a rien que de désespérant; et, sans disserter

ici sur le plus ou moins de raison de nos pères, il est indiscutable que leur foi dans une vie future les soutenait et leur faisait prendre en patience les maux inhérents à la vie du prolétaire.

De là vient peut-être aussi cette insouciance de leur misère qui leur faisait négliger l'étude de leur situation, et les empêchait de rechercher si quelque remède n'existait pas pour pallier, au moins en partie, ce que leur sort avait de misérable. Ils naissaient pauvres, vivaient gueux et mouraient contents.

Aujourd'hui que cette foi n'est plus, pour beaucoup, qu'une lueur crépusculaire, très insuffisante pour dorer la tristesse de nos conceptions, nous cherchons dans le vague, nous courons dans le vide après quelque chose comme un équivalent ; car, encore une fois, il faut un but à l'œuvre humaine.

Pourquoi travaillerai-je une longue vie pour mourir ensuite misérable ? car je défie l'ouvrier qui n'a pour tout avoir que le salaire journalier, de sortir de son indigence. S'il veut économiser sur son gain, dans l'espoir de se réserver un peu de bien-être pour ses vieux jours, il mourra d'inanition avant l'âge du repos. L'économie est pour lui un arrêt de mort prématurée. Il a besoin de tout ce qu'il gagne pour réparer ses forces ; et le souci de l'avenir est le plus profond de ses maux, parce qu'il le sent incurable.

Il y a deux natures dans le socialisme : le matérialisme et le spiritualisme.

Il faut au corps du travailleur tout ce qui répond au besoin de la machine humaine, et à son esprit, une quiétude qui lui laisse le loisir de se livrer tout entier à sa mission sociale.

L'ouvrier, de nos jours, naît au milieu d'une famille pauvre ; en admettant qu'il grandisse sans trop éprouver les morsures de la misère proprement dite, grâce à la conduite et aux privations de ses père et mère, il atteint l'âge de treize ans, puisqu'on lui impose l'école jusqu'à cet âge, avec assez d'insouciance. Mais alors, il commence à sentir que sa nullité est une charge excessive pour ses parents : premier et terrible souci. On le met en apprentissage, où, malgré toute sa bonne volonté, il demeure jusqu'à l'âge de seize, dix-sept et même dix-huit ans sans rapporter au foyer domestique autre chose que des besoins toujours grandissants.

Si la tentation de jouir des plaisirs qu'il a enviés toute sa vie ne l'entraîne pas alors, il tâchera d'aider un peu ses parents de son gain encore bien modeste, et c'est pour lui la réclusion, l'isolement Ne pouvant faire figure au milieu de ses camarades, il les évite, et, admettons que sa bonne nature le pousse à consacrer à son instruction le temps que ses travaux le laissent libre de disposer, il atteint ainsi l'âge du tirage au sort. Le voilà soldat jusqu'à l'âge de vingt-quatre ou vingt-cinq ans.

S'il quitte alors le service, il revient au pays, reprend son labeur, se marie, a un, deux enfants, simplement pour se prouver qu'il en peut avoir, et trouve que c'est assez de malheureux dans sa maison.

La moralité souffrira certainement de cet état de choses... et la patrie aussi; qu'importe! Celui qui calcule ainsi se croit un sage.

Mais, si au lieu d'être un de ces « sages » cet ouvrier est un homme simple, laborieux, aimant son intérieur, adorant sa femme et les enfants; il aura bientôt six, huit héritiers ; mais aussi la misère. Tout en travaillant quinze heures par jour lorsqu'il aura la possibilité de le faire, il se verra forcé encore d'accepter les dons dérisoires et humiliants pour lui, du bureau de bienfaisance, qui soit dit en passant, ne devrait exister que pour ceux qui sont vraiment dans l'impossibilité de travailler, pour cause d'infirmités. Tous autres devraient pouvoir s'en affranchir.

Et ce malheureux travaille, travaille encore, travaille toujours, en songeant que pour lui et les siens, demain sera peut-être encore pire qu'aujourd'hui.

Brisé par l'excès de travail, il atteint la vieillesse dix ans avant l'âge. Ses enfants ont néanmoins grandi, ils se dispersent, et eux-mêmes enveloppés dans les mêmes nécessités que ceux qui les ont élevés, sont impuissants à leur venir en aide.

La mère meurt d'usure et des suites de privations, et le père, à soixante-dix ans, s'en va finir à l'hôpital, si on veut bien l'y recevoir.

C'est ainsi que notre société paye ses dettes en France. Et ce tableau n'est nullement chargé.

VIII

Admettons maintenant que ce même jeune homme dont nous parlons plus haut, redoutant la misère qu'il a eue sous les yeux durant ses années d'adolescence, se donne définitivement au métier militaire, qui lui semble une sorte de noblesse comparativement à la triste situation qu'il était appelé à occuper dans la vie.

Il est assez instruit ; il travaille au corps, devient en quelques années sous-officier : un grade, qui est un titre pour lui, et lui fait aimer son métier. Il rengage, car il entrevoit, non seulement l'existence assurée dans le présent, mais aussi l'avenir qui lui est réservé.

Il a un but, lui ; et l'hôpital n'est plus sa perspective finale et pour ainsi dire fatale. Il aura une retraite qui lui permettra de vivre avec une certaine indépendance, entouré d'une certaine considération ; et, en somme, qu'aura-t-il fait ?...

Voyons, soyons impartiaux. Ce que l'on fait pour le militaire est juste ; on pourrait peut-être même arriver à faire plus encore pour lui. Mais mettons un peu en regard les services qu'il a rendus au pays et ceux qu'a rendus son père.

Ce sous-officier est parti pour son sort ; son père également.

Lui a rengagé ; son père s'est marié en rentrant dans le civil.

Le fils fait ce que l'on appelle un bon service, le père travaille dur.

Le premier a du pain sur la planche ; le second, le souci du lendemain.

Le soldat court à une foule de petits plaisirs permis ou tolérés, tandis que le travailleur rentre chez lui, le soir, accablé de fatigue.

Le cordonnier du coin qui passe une nuit au travail pour pouvoir acheter un brimborion à sa fille qu'il adore, ne se doute pas que celle-ci n'a envie de la chose que pour s'en parer, afin de plaire au beau sergent de la 2ᵉ du 1ᵉʳ.

Mais, les dangers du métier militaire ?

Ah ! les dangers... Mais je n'en vois qu'un éventuel : la guerre ; et Dieu merci ! on ne la fait pas toujours.

Voilà donc un militaire qui expose sa vie tous les quinze ou vingt ans, tandis que le couvreur, le charpentier, le maçon, l'employé de chemins de fer et tout ce qui travaille, l'expose journellement. Mais exposer sa vie, c'est la vie même de l'ouvrier. Les peintres avec leurs couleurs qui les empoisonnent ; les boulangers avec la farine qui finit par les étouffer ; les carriers avec la poussière de grès qui tue son homme en quatre ou cinq ans ; les verriers dans leur enfer ; les mineurs dans leurs oubliettes éternelles qui ont pour soleil le feu grisou, et tant d'autres qui travaillent dans des usines et coudoient journellement la mort ; une mort bien autrement horrible que celle des champs de bataille. Il est aussi pénible de mourir en tombant d'une toiture que d'un éclat d'obus. Je dis aussi pénible et j'ajoute que la mort du champ de bataille est moins triste que celle du champ du travail.

Le soldat, en général, n'a pas de petits enfants que sa mort livrera à la plus navrante misère.

A quarante ans, le sous-officier a pour le moins la médaille militaire et une pension de retraite.

A quarante ans, l'ouvrier pioche avec un redoublement d'énergie; sa famille grandit, les besoins augmentent. Il est encore assez vigoureux, mais il s'épuise.

Cet homme donnera trois ou quatre soldats au pays après avoir payé sa propre dette; le soldat ne lui donnera que sa propre existence.

En un mot, à mérite égal, chacun dans leur sphère, sont-ils rénumérés selon les lois de la justice naturelle? La société a-t-elle fait pour l'ouvrier ce qu'elle a fait pour le soldat?

Evidemment non.

Le soldat, dira-t-on, sacrifie sa liberté individuelle.

Où donc est celle de tous ces ouvriers courbés sous la discipline des grands ateliers, autant et plus sévère que celle de l'armée.

Le soldat, lui, ne risque pour une infraction, que la salle de police, qui est une plaisanterie, tandis que l'autre risque de perdre sa place, qui procure le pain de la famille.

Dites-moi le plus à plaindre des deux.

Alors pourquoi tant d'injustice?

Et d'ailleurs aujourd'hui, ne sommes-nous pas tous soldats en temps de guerre jusqu'à quarante-cinq ans?

Et il me faudra, moi, père de famille, quitter, le cas échéant, tous mes petits enfants pour concourir à la défense du drapeau, pour lequel j'éprouve tout autant d'attachement que le plus zélé soldat de l'armée active.

Ainsi donc, sans compter les risques journaliers que je cours, mon pays me réserve encore ceux d'une guerre éventuelle, les seuls menaçant nos braves militaires.

Ne parlons donc plus de la guerre qui devrait être le métier exclusif du soldat. Et dans ce cas encore, je ne vois aucune raison pour qu'on laissât à l'abandon le brave citoyen qui s'est usé, détruit lui-même dans l'accomplissement de ses devoirs sociaux.

D'où je conclus que l'ouvrier peut et doit avoir aussi à quarante-cinq ou cinquante ans au plus, une rente suffisante pour vivre dans un repos mérité.

La chose est impossible objectera-t-on.

Elle est simple, à mon avis, il ne s'agit que de vouloir.

Et voici le système que je propose :

IX

Etant donné que ni les sociétés de secours mutuels, ni les caisses de retraites pour la vieillesse n'apportent aucune amélioration dans le sort de l'ouvrier proprement dit, du journalier si l'on veut, car c'est surtout de lui qu'il s'agit ici. Tout le monde pourra suivre ensuite.

Je dis : aucune amélioration, parce que, arrivé à l'âge de l'incapacité, l'ouvrier devient misérable, honnête ou non, ce qui n'est pas juste.

L'homme qui a mené une vie laborieuse doit avoir à un moment donné son certificat de civisme qui l'honore et le récompense, comme on honore et récompense la bravoure et la bonne conduite du soldat.

Pour ce faire, il faut que l'Etat, dont il est un des membres actifs, prenne en main les intérêts de cette classe honnête et intelligente et résume à son profit le problème social qui est le but des aspirations, inconscientes chez la plupart, mais innées et inspirées par la justice la plus élémentaire.

Comment l'Etat pourra-t-il résoudre cette importante amélioration?

Voici :

« Un impôt spécial exclusivement réservé à la dotation des ouvriers admis à la retraite est établi sur le travail des journaliers.

— Il est indiscutable que si l'on demandait à l'ouvrier un versement quotidien, bien peu consentiraient, ne se rendant pas compte de leurs propres intérêts, à persévérer pendant un certain nombre d'années.

D'ailleurs ce système créerait des complications de comptabilité et de perception excessives. Voyons ce que l'on peut faire.

« Tout patron paiera à l'Etat une redevance de vingt-cinq centimes par journée de travail et par ouvrier qu'il occupe.

— Il est alors certain, et l'ouvrier consciencieux devra s'y soumettre, que le patron ne sera ici que le premier collecteur de l'impôt, car, à l'ouvrier dont les capacités devraient rapporter 5 fr. par jour, il ne paiera que 4 fr. 75. C'est donc en réalité l'ouvrier qui fait un versement, ce qui n'ôtera rien à son indépendance et qui rendra plus honorable la retraite qu'il aura acquise, puisqu'il ne la devra qu'à lui-même;

A ceux qui pourraient trouver qu'une pareille somme enlevée au prix de leur journée deviendra un trop lourd sacrifice, je ferai remarquer qu'une fois la loi bien en fonction, leur solde remonterait vite à son taux normal.

Continuons.

« Un nouveau modèle de livret d'ouvrier sera établi.

« Le patron, en embauchant un ouvrier au-dessus de vingt ans, inscrira sur son livret la date de son entrée, et l'ouvrier devra, dans les vingt-quatre heures, présenter ce livret au bureau désigné pour cet objet pour y faire apposer le timbre de déclaration.

« Il y aura dans chaque mairie, un bureau spécial dit de « perception des retraites » où un compte sera ouvert à tous les patrons d'une ville ou d'une commune.

« Lorsque l'ouvrier se présentera avec un livret signé de son patron, on l'inscrira au compte du patron signataire, lequel devient, dès ce jour, redevable à la caisse des retraites ouvrières, d'une somme de 0 fr. 25 par journée de travail de son ouvrier.

« Tous les jours non fériés sont comptés comme journées de travail.

« En cas de maladie de l'ouvrier, le patron qui ne veut ou ne peut continuer les versements pour son ouvrier malade, devra arrêter le compte de celui-ci et en faire la déclaration à la mairie.

« Quant aux absences irrégulières de l'ouvrier, elles n'exonèrent en rien le patron de l'impôt, tant que cet ouvrier figurera au livre de la mairie, dans son personnel.

— Il va sans dire que le patron pourra toujours retenir sur le salaire futur de son ouvrier le montant de ce qu'il aura versé sans que celui-ci l'ait gagné, puisque ces 0 fr. 25 doivent être considérés par le travailleur comme une retenue faite sur sa solde.

« Le patron ne peut en aucun cas, ni pour aucun motif refuser son visa d'entrée ou de sortie au livret de l'ouvrier, à moins que celui-ci se soit rendu coupable à son préjudice de faits contraires à l'honneur et à la probité.

« Dans pareil cas, le patron fait sa déclaration qui est consignée sur le livre communal.

« Malgré cela, l'ouvrier aura droit au timbre de la mairie sur son livret, pour arrêter son compte de journées de travail.

— Cette disposition, pour ne pas mettre l'homme qui a commis une faute dans l'impossibilité de retourner au bien.

« Lorsque l'ouvrier pourra, par son livret prouver vingt-cinq années de 300 jours (fêtes déduites) de travail effectif, il aura droit à une rente viagère de l'Etat, prise sur la caisse des retraites ouvrières, et dont le montant devra toujours, au début, être en rapport avec les ressources de cette caisse.

X

Ces quelques articles principaux suffiront pour démontrer le fonctionnement de cette institution. Il reste bien certainement des questions de détail à régler, mais qui le pourront être lorsqu'on le voudra. Ce qui importe surtout, c'est de ne pas enchevêtrer la loi d'une foule de dispositions plus ou moins utiles, afin de lui laisser le plus de clarté possible, pour qu'elle reste à portée de tous.

A présent examinons un peu quelques-unes des conséquences qu'amènerait une pareille loi.

L'ouvrier ayant un but profitable à atteindre, ne s'égarerait plus dans les voies qui pourraient l'en détourner : Progrès immense !

Au lieu de fuir l'atelier pour des motifs souvent futiles, on se ferait un devoir de l'assiduité.

Les grèves si désastreuses pour l'ouvrier plus que pour tout autre auraient certainement vécu.

Il serait alors impossible de confondre dans une même catégorie l'ouvrier laborieux avec ces fauteurs de désordre qui se disent travailleurs afin de le mieux séduire et l'entraîner dans le chômage ruineux.

L'ouvrier n'ayant plus à craindre de faire des malheureux à son image, n'hésiterait plus à se créer une nombreuse famille.

Et tant d'autres avantages sociaux qui découleraient naturellement de ces quelques conséquences, que le cadre restreint de ce travail ne me permet pas d'énumérer, mais qu'il est facile d'entrevoir.

Je ne puis répondre ici non plus à toutes les objections qui pourraient m'être faites, mais que l'on pourrait mettre à néant avec un peu de raisonnement.

Par exemple, une qui se présente tout d'abord : On me dira :

Mais, si après quinze années, plus ou moins, je viens à mourir, j'aurai versé inutilement.

Je réponds : non; car la loi pourra et devra attribuer à ta femme et à tes enfants une retraite proportionnelle dans les limites déterminées à l'avance.

Et si je viens à m'établir dans le cours de mes vingt-cinq années ?

Si tu t'établis, je t'en félicite, et beaucoup, crois-le bien envieront ton sort. Tu devras donc généreusement faire abandon de tes versements antérieurs qui profiteront à tes frères moins privilégiés que toi, à moins que la loi ne te laisse la latitude de poursuivre tes versements pour jouir à ton heure de tous les avantages. Ce qui peut avoir lieu.

Quelqu'un me dira : Savez-vous que, d'après votre système, l'ouvrier qui commencera à verser à vingt ans, sera retraité à quarante-cinq ans: c'est bien jeune.

D'abord à vingt ans, tout le monde est soldat ou à peu près. Le temps de service militaire ne compte donc pas. Puis, il y a des chomages inévitables pour des causes générales; il peut y avoir des maladies prolongées qui arrivent en déduction. En somme, bien peu arriveront à leur retraite avant cinquante ans. Ce qui n'est pas trop tôt.

Mais moi, me dit un autre, j'ai déjà quarante ans aujourd'hui, à quoi me servira la loi? (O! égoïsme).

Et je dis à celui-là : Penses-tu, dans ta situation actuelle, te faire des rentes pour tes vieux jours par d'autres moyens! — Non. — Eh bien! cotise tant que tu pourras travailler, et, en supposant que tu ailles jusqu'à soixante ans, on te réservera une rente proportionnelle qui te mettra encore à l'abri du besoin. Que veux-tu? nous ne sommes pas cause si nos pères ont été moins humains ou moins bien inspirés que nous.

Mais, l'homme qui pourrait parvenir à sa retraite à quarante-cinq ans et qui voudrait encore travailler, en aurait-il le loisir?

Parfaitement : la liberté le veut ainsi; mais il continuerait à verser ses 0 fr. 25 c. à la caisse sans ajouter au montant de sa retraite telle qu'elle aurait été liquidée. Il serait donc ainsi utile à la grande famille.

Le père d'une nombreuse famille serait-il traité sur le pied d'égalité avec l'ouvrier sans enfant?

La justice ordonne qu'il n'en soit pas ainsi. De même que l'on ajoute à la retraite militaire tant par campagne en plus, on élèverait celle de l'ouvrier de tant par enfant né des époux, ou adopté et élevé dans le ménage.

Et enfin, la caisse serait bientôt assez riche pour fournir les secours aux victimes du travail, dans des limites déterminées.

Maintenant, une question plus sérieuse mais non moins soluble est celle-ci :

La comptabilité générale de cette organisation nationale demandera un personnel nombreux qu'il faudra payer; un matériel *ad hoc* assez important; ensuite il y a le mode de perception; ce seront des frais immenses.

Non.

Chaque commune aura son livre où tout patron, chaque administration, chaque chef d'usine, auront un compte ouvert.

Chaque patron fait ses versements en raison du nombre de ses ouvriers, par partie ou en totalité tous les trimestres. La mairie établit un bordereau nominatif pour chacun d'eux et les fait parvenir à la date déterminée au trésorier du département, avec les sommes mentionnées. Le reste va de soi. Voilà pour la perception.

Quant au personnel employé à ces différentes opérations, croyez-vous que la caisse ne serait pas assez riche pour rétribuer convenablement des employés compétents?

Si c'est là une utopie, c'est que notre conception est bien fragile.

En résumé, il faut que l'homme laborieux ait un but dans la vie.

Il faut que l'on puisse distinguer l'ouvrier honnête du paresseux et du vagabond. Le livret individuel deviendrait un certificat de moralité qui permettrait à son possesseur de passer partout librement, sans être confondu, comme il arrive trop souvent, avec les gens sans aveu.

Ne croyez pas ceux qui viendront vous dire qu'une telle organisation est irréalisable. Réfléchissez, unissez-vous; formez des comités d'élaboration dans toutes les villes et les communes; discutez posément, sérieusement, et si vous avez la volonté, la presse qui, en somme ne divague parfois que parce qu'elle ne sait pas au juste quelles sont les réformes sociales qui vous souriraient le mieux, vos vœux s'étendant sur une infinité de questions plus ou moins raisonnables ou extravagantes; la presse dis-je, s'emparera de l'idée, en parlera, la critiquera peut-être, mais vous aidera certainement à la mener à point.

La meilleure manière de faire de la politique pour l'ouvrier, est de combiner ses intérêts immédiats de façon à les faire passer avant toutes choses qui viendront par surcroît et par l'enchaînement des évènements. C'est de cette façon que vous vous gouvernerez vous-mêmes.

Demandez à vos mandataires peu de réformes à la fois; mais exigez-les; ils pourront vous satisfaire et travailler en même temps aux autres affaires du pays.

Or, la plus essentielle, la plus urgente, je devrais dire la seule urgente pour l'instant est assurément celle qui vient de vous être soumise.

Celle-ci résolue, elle deviendra le point de départ d'une rénovation, d'une évolution sociales d'où sortiront d'autres réformes utiles pour l'avenir de l'ouvrier, qui donnera ainsi un exemple de sagesse salutaire et profitable à l'humanité tout entière.

Si vous dédaignez ces avis, tant pis pour vous; c'est sans doute parce que vous n'êtes pas mûrs pour la chose. Vous apprendrez un jour que cette idée aura été reprise par ceux qui vous suivront; car la logique s'impose, et tôt ou tard, a toujours raison des préjugés les plus enracinés.

Si quelque autre trouve un système meilleur que le mien, qu'il le déclare bien vite. L'important est d'atteindre le même but.

Dans une deuxième partie nous étudierons :

« NOS DROITS ET NOS DEVOIRS. »

A. DENIS.

Pour montrer la corrélation qui devrait exister entre le livret nouveau de l'ouvrier et le livre de la mairie ainsi que le travail peu compliqué que nécessiterait leur tenue, je joins ci-contre un fac-similé d'un feuillet de l'un et de l'autre.

La première page du livret contiendrait l'état-civil et le signalement du titulaire.

Le livret pourrait contenir 25 pages, par exemple : une par année.

D'un côté du livret ouvert, l'année, les mois et les semaines désignées par les chiffres 1, 2, 3, 4 et 5.

En regard du mois, le patron ou l'ouvrier lui-même pourraient inscrire le nombre de jours de travail de la semaine, c'est-à-dire tous les jours ouvrables puisque tant qu'un ouvrier ferait partie du personnel d'un atelier, le patron serait imposé de la somme de 0,25 par jour et par ouvrier.

A la fin de chaque mois on ajouterait le total que le patron approuverait de sa signature ou de sa griffe.

L'autre côté du livret resterait en blanc pour y inscrire les entrées et les sorties.

On voit combien il serait simple pour l'ouvrier de se rendre compte de sa situation.

Quant au livre de la mairie, en supposant qu'on laissât au patron la faculté de verser tous les mois ou par trimestre, chaque somme serait inscrite en face du nom de celui pour lequel elle aurait été versée, au dessous du mois dans lequel le versement aurait été effectué. Il serait facile de totaliser chaque trimestre.

Ce livre serait donc en quelque sorte la reproduction du livret ; ce qui faciliterait la reconstitution de celui-ci s'il venait à être détruit ou égaré.

ATELIER DUMONT CARROSSIER

MAIRIE ou COMMUNE de TOURS (Indre-et-Loire)

1888

NOMS	PRÉNOMS	PROFESSION habituelle.	NAISSANCE Date	NAISSANCE Lieu
MAUPUIT	Paul	Sellier.	12 octobre 1805	CHATEAUROUX (Indre)
LAMBERT	Jean	peintre.	22 décembre 1840	PAU (B.-Pyrén.)
BARDOU .	Ern.	journalir	15 juin 1860	TOURS (Indre-et-L.)

NOMS	1er TRIMESTRE JANVIER	FÉVRIER	MARS	NOMBRE de journées	SOMMES versées	2e TRIMESTRE AVRIL	MAI	JUIN	NOMBRE de journées	SOMMES versées
MAUPUIT	»	»	»	75	18 75	»	»	»	70	19
LAMBERT	»	»	»	75	18 75	»	»	»	70	10
BARDOU .	»	»	»	75	18 75	»	»	»	»	»

NOMS	3e TRIMESTRE JUILLET	AOÛT	SEPTEMBRE	NOMBRE de journées	SOMMES versées	4e TRIMESTRE OCTOBRE	NOVEMBRE	DÉCEMBRE	NOMBRE de journées	SOMMES versées	TOTAL général des journées	TOTAL général des versements	MUTATIONS
MAUPUIT	»	»	»	75	18 75	»	»	»	74	18 50	225	56 21	
LAMBERT	1 50	»	»	6	1 50	»	»	»	»	»	157	39 25	Sorti le 8 juillet 1…
BARDOU .	»	»	»	25	6 85	»	»	»	74	18 50	174	43 50	Admis le 2 janv 1888

LIVRET   D'OUVRIER

MOIS	SEMAINES					TOTAUX des Journées	SIGNATURE ou GRIFFE du patron
	1	2	3	4	5		
Report							
JANVIER	0	6	0	5	2	25	
FÉVRIER	4	6	6	6	3	25	
MARS	3	6	6	6	6	27	
AVRIL	5	6	6	6	1	24	
MAI	4	»	»	»	6	10	
JUIN							
JUILLET							
AOUT							
SEPTEMBRE . . .							
OCTOBRE							
NOVEMBRE . . .							
DÉCEMBRE							
A reporter							

VISAS des PATRONS	1888

Sorti le 5 Mai 1888

DUMONT

Admis le 25 Mai 1888

LACROIX

DEUXIÈME PARTIE

DROITS ET DEVOIRS

I

Vive la République !

La République ?

Qu'est-ce que la République ?

Il serait curieux de recueillir les définitions que chacun pourrait produire en reponse à cette dernière question.

Lorsqu'on criait : Vive le roi! vive l'empereur! il était aisé de se rendre compte de ce que l'on acclamait. C'était, chez le roi, la personnalité régnante dans le prestige de la tradition séculaire; chez l'empereur, c'était l'homme entrevu au travers les fumées de l'apothéose d'un passé récent.

Mais qu'est-ce que la République ?

Voilà ce qu'on n'explique pas assez aux foules.

Avec son caractère impersonnel, le mot de République se prête aux interprétations les plus fantaisistes; nous pourrions dire les plus fantastiques.

— Voyons, Jean, toi qui te dis sincère républicain qu'entends-tu par ce mot : République ?

— La République! ah! la République ! C'est le règne de la liberté, de l'égalité et de la fraternité. Que peut-on désirer de mieux ?

— Bien; mais, qu'entends-tu par liberté ?

— La liberté ? Mais la liberté c'est ce qu'il y a de plus beau, de plus noble dans l'existence de l'homme La liberté, c'est tout. Sans la liberté l'homme est un esclave. La liberté c'est.... c'est la liberté, et c'est assez.

Ainsi renseigné sur la liberté par Jean, je demande à Pierre.

— Dis-moi, Pierre, ce que tu penses de l'égalité ?

Le visage de Pierre s'illumine alors d'un sourire inspiré; il lève vers l'azur des yeux vaguement rêveurs et dit d'une voix pleine d'émotion :

— Egalité ! O ! règne idéal que nous attendons ! Egalité ; fille aînée de la sainte justice, dont le niveau inflexible rognera ce qui dépasse en haut pour le mettre à la portée de tout ce qui végète en bas. Égalité ! qui feras des esprits et des fortunes une répartition parfaitement équitable, de façon à détruire toutes les supériorités sociales qui font les maîtres et les esclaves. Égalité ! Égalité ! Salut Égalité !

— A ton tour, Jacques, explique-moi ce que signifie pour toi, Fraternité.

— Fraternité ? Fraternité ; c'est bien simple : tous frères. Plus d'envie, plus de jalousie, plus de haine, plus de cruauté. Tout est à tous ; le riche ne l'est plus, puisqu'il donne au pauvre. Il n'y a plus de pauvres, puisqu'ils reçoivent tout du riche. Le bon pardonne au méchant, comme on pardonne à son frère coupable ; le méchant se corrige au contact des bons. Voilà l'effet de la Fraternité, Fraternité, union universelle.

C'est ainsi que Jean, Pierre et Jacques, traduisent ce que leur inspirent ces mots qui sont sans cesse sur les lèvres de tous : République, liberté, égalité, fraternité.

Où allons-nous avec une pareille interprétation des mots ? Qui le sait ?

Ne serait-il pas plus sain et plus habile à la fois, de dépouiller les choses de l'ornement des épithètes et de les exposer aux yeux de tous dans leur implacable nudité.

> Sous de beaux ornements nous cacher la nature
> C'est voiler le soleil d'une riche tenture.
> Le vrai, dans les deux cas, n'est plus qu'un idéal ;
> Car, ce que peu l'on voit, on se l'explique mal.

Assez longtemps nous nous sommes payés de mots ; l'heure est venue de prendre les choses pour ce qu'elles sont et les événements pour ce qu'ils rapportent.

Et ce n'est pas en nous flattant sans cesse, nous peuple, que l'on assainira notre jugement. Nous croyons avoir de l'esprit parceque nous sommes plus ou moins doués de mémoire ; mais cet esprit n'a pas de profondeur, pas de consistance. Voilà pourquoi nos idées sont si peu suivies ; c'est aussi pourquoi nos actes du jour démentent ceux de la veille ; nous allons à demain à cheval sur un peut-être » nous parlons beaucoup et nous pensons peu. Celui qui crie le plus fort a souvent raison de nos résistances ; et nous ne nous apercevons pas que nous rendons ainsi hommage à ses poumons bien plus qu'à ses mérites.

Et puis nous avons en nous une paresse innée. quand il s'agit de la chose publique, nous en déléguons volontiers la charge à plus habile ou plus ambitieux que nous, et nous attendons venir les réformes avec une confiance que je ne veux qualifier ici que de naïve. Les réformes ont beau se faire désirer il semble que plus elles s'éloignent, plus nous mettons d'entêtement à croire qu'elles se dirigent vers nous ; car, dites-vous, on nous les doit, les posséder est notre droit.

Votre droit ; vos droits. Voilà le grand mot lâché ; mais laissez-moi vous dire en ami qui ne flatte pas parce qu'il n'essaie pas de tromper, que nous ne devrions jamais dire : « nos droits » sans faire suivre de

« et nos devoirs. » Nos droits et nos devoirs, voilà ce qui doit demeurer inséparable : Ceux-ci complètent ceux-là ; ils s'engendrent, pour ainsi dire réciproquement; de nos droits découlent nos devoirs; de nos devoirs surgissent nos droits.

Voyons un peu ce que sont les uns et les autres.

II

Pour discuter avec fruit dans vos comités, mettez, toujours en regard du droit que vous revendiquez, le devoir qui vous oblige, et vous conclurez logiquement.

Vous voulez, par exemple, discuter sur la forme du gouvernement.

Vous voulez la République : c'est votre droit, Votre premier devoir sera alors de définir exactement ce que vous entendrez par ce mot « République ».

Vous n'avez pas le droit de traduire chacun à votre façon l'idéal du gouvernement de votre rêve ; il faut du positif, du raisonnable, du compréhensible pour tous également, sans équivoque, autrement vous tombez dans les salmigondis et vous prêtez à rire à la galerie qui vous observe.

Remarquez que dans leurs réponses, Jean, Pierre et Jacques ont émis les définitions que l'on rencontre le plus communément chez nous autres. Que pouvez-vous conclure de toutes ces impossibilités, de toutes ces abstractions? Rien d'utile, parce qu'il n'y a rien là de défini.

Au fond, un logicien pourrait en déduire, que ces braves gens sont tout ce qu'il y a de moins républicain au monde.

Ces définitions vagues qui ne constituent rien, n'ont pas même le mérite de formuler une règle de conduite comparable à celle qui guidait nos pères aux temps féodaux : « Dieu et le Roi. » Voilà qui exprimait bien l'humilité de leurs prétentions.

Aujourd'hui, on doute de Dieu; on répudie le roi, en le déclarant bien haut, comme pour imposer silence à quelque chose d'intime qui crie en nous : « Tu n'es pas convaincu. »

Eh! non; l'on n'est pas convaincu; et c'est précisément ce qui cause toutes nos tergiversations. On doute si l'on est dans le vrai. Tout en cherchant la vérité sincèrement, nous nous égarons dans une foule de chemins de traverse; nous nous fourvoyons dans un labyrinthe qui nous ramène fatalement à notre point de départ; et c'est sans cesse à recommencer.

Donc, qu'est-ce que la République? Non pas celle de 93 qui a été ce qu'elle devait être; ni celle de 48 qui n'a pas été ce qu'elle aurait pu être; ni celle où nous sommes, qui n'a rien de commun avec les deux autres, mais la République vers laquelle tendent des aspirations inexpliquées bien que très vivaces?

La République est le gouvernement d'une nation qui fait des lois en rapport avec ses besoins, en s'imposant le devoir de les respecter.

Qu'appelle-t-on Nation?

On appelle Nation l'ensemble d'un peuple.

Qu'est-ce que le peuple?

Le peuple est, encore de nos jours, une multitude dirigée par des privilégiés de nom ou de fortune, devant lesquels la masse s'incline et cède par un reste de vieille habitude.

Le peuple se croit si peu fait pour être en République, c'est-à-dire pour confectionner et suivre ses propres lois, qu'il délègue des gens avec mission de faire cette besogne à laquelle il ne devrait pas avoir le droit de se soustraire.

C'est parce qu'il manque à ce devoir primordial

qu'on parvient à lui escamoter ses droits sur toutes choses…, et c'est bien fait.

Si tu ne te sens pas la force ni la volonté de te gouverner toi-même, reprends le joug et appelle un roi, un empereur, un maître, enfin; tu es digne du collier de servitude; mais cessé de clamer : Vive la République ! que tu dédaignes de fonder et de servir avec la plus coupable insouciance.

<h3 style="text-align:center">III</h3>

La liberté est un droit de nature qui te permet d'être ou de devenir sans nuire à personne tout ce que les autres peuvent être ou devenir.

La solidarité impose des devoirs à tous.

L'homme qui commande n'est pas plus libre que celui qui obéit, celui qui obéit ne l'est pas moins que celui qui commande.

Il faut d'ailleurs pour bien commander, savoir bien obéir, et il est plus difficile et plus méritoire, par conséquent d'obéir que de commander.

Partant de là, si tes chefs sont tes élus, tu peux et dois sans déchoir exécuter leurs ordres, car tu as le droit de remettre la garde de tes libertés entre les mains de mandataires que tu juges dignes de te protéger; c'est à eux d'être honorés de la mission qui leur est confiée par leurs concitoyens.

La dépendance ainsi, n'est plus une marque de servitude. Il est beau, il est bien de se soumettre aux lois que l'on a su sagement s'imposer.

Sans le respect aux lois, point de société possible A toi donc de travailler pour en produire d'équitables et de profitables à tous.

C'est parce que nous avons trop longtemps laissé à d'autres le soin de confectionner nos codes, que nous avons tant de lois qui restreignent nos libertés et entravent le progrès; en leur en substituant d'autres plus appropriées à notre temps et à nos mœurs, nous usons d'un droit imprescriptible, dicté par le bon sens le plus élémentaire.

La liberté n'implique pas la latitude de tout dire ou de tout faire quand et comme nous l'entendons. On l'a dit, et je me permets de le répéter : la liberté s'arrête où elle peut devenir une gêne pour les autres.

Telle chose peut être dite ou faite dans tel milieu librement, qui prendrait dans tel autre un caractère licencieux et abusif.

Le tact et la saine éducation indiqueront les limites de la liberté, ce qui prouve que la liberté dans toute société civilisée, ne peut être que relative.

L'unique et incontestable liberté n'existe réellement que pour la pensée; celle-là est entière et inattaquable: Heureux qui sait en jouir !

J'ai réservé pour clore ce chapitre qui traite de la liberté, celle qui touche à l'une des plus nobles facultés de l'homme; je veux dire celle de la parole.

La parole nous a été donnée pour exprimer nos pensées.

Comme le rire et le baiser, la parole est un don spécial qui nous élève bien au-dessus des autres êtres de la création.

Personne n'a le droit d'imposer silence à celui qui parle, et tout le monde a le devoir de respecter chez les autres ce qu'il peut considérer pour lui-même, comme le plus sacré des privilèges.

Écoutez bien ceci :

Une des choses qui, sans qu'on ait l'air de s'en douter, ont le plus contribué à retarder l'émancipation de la classe ouvrière, est, sans contredit, cette inepte et funeste manie qui nous porte à rire et à interrompre celui d'entre nous qui ne peut que bégayer une explication en public.

J'ai vu dans maintes réunions populaires où devaient se discuter nos plus intimes intérêts, des hommes très bien intentionnés et très capables d'enfanter une idée, ne pouvoir l'exposer à leurs concitoyens, tant les lazzis sarcastiques anéantissaient le peu de moyens dont ils étaient doués pour le faire. Or, traiter ainsi son semblable quand on a les mêmes besoins, les mêmes aspirations que lui-même, est, on l'avouera, une marque de véritable ineptie, ou tout au moins d'inconséquence, que nous avons dû déjà payer bien cher; sans compter que l'expérience ne nous a point corrigés, malheureusement.

Oui, ton voisin, ton ami, ton frère, peut-être, demande la parole dans une réunion, il a quelque chose de très bon, de très utile à dire; il en a parlé vingt fois entre amis; on l'a fort engagé à l'exposer publiquement, à la prochaine séance. Il y est, il demande la parole; on la lui accorde; il va parler.

C'est un débutant, on fait silence pour juger de ce qu'il va dire; tous les yeux se fixent sur l'orateur improvisé, qui sent peser sur lui ces regards plus ou moins bienveillants. Le silence même qui se produit est déjà un sujet de trouble pour lui; l'émotion lui serre la gorge, et aux premiers mots qu'il veut prononcer, le malheureux est aphone ou à peu près. Un rire éclate auprès de lui, et coupe la première phrase de son discours; il veut se reprendre, on le siffle; s'il continue, on le hue; ses ennemis et ses amis font chorus; les plus bêtes crient le plus fort, et les plus malins en profitent pour se substituer à l'orateur ahuri qui regagne sa place au plus vite, sans avoir pu émettre son idée qui eut été peut être excellemment utile.

Alors, qu'arrive-t-il le plus souvent ?

Le successeur de son ami à la tribune est un mendiant de suffrages qui, pour les besoins de sa propre cause, a coordonné dans le silence du cabinet, quelques phrases à effet, pleines de redondances, qu'il déclame d'une voix qui te paraît éloquente parce qu'il a appris à en ménager les effets; tu écoutes palpitant cet organe qui te séduit, sans t'apercevoir du vide de ce qu'il débite avec un certain art; et, pour avoir l'air d'être à la hauteur d'un si grand homme, tu l'acclames, tu le portes en triomphe, enfin tu l'élis, et..... le tour est joué.

Tandis que si tu savais discuter dans tes comités ouvriers, entre nous seulement, c'est-à-dire entre ceux qui ont les mêmes intérêts et les mêmes besoins, en ayant soin d'écouter sans impatience quiconque croit avoir une idée utile, le profit que tu en pourrais tirer ne tarderait pas à devenir des plus évidents.

Tant que tu auras besoin d'avocats, de juges et autres soi-disant professeurs de droit pour confectionner les lois, ils t'en fabriqueront de façon à ce qu'ils puissent eux-mêmes les interpréter à l'occasion pour le plus grand avantage de ceux qu'ils protègent le plus souvent contre toi même.

Et c'est bien fait: pourquoi laisser ce soin à d'autres quand tu pourrais mieux faire si tu voulais t'en donner la peine.

En fait de libertés, le peuple n'a jamais eu que celles qu'il s'est octroyé à lui-même.

Demander des lois libérales est donc ton droit.

Mais les étudier et les imposer, voilà ton devoir.

IV

« L'Egalité » ce deuxième fleuron de la trilogie républicaine, est peut-être ce qu'il y a encore de moins compris de la masse ; et cela devait être ainsi.

Le mot « Egalité » placé entre ceux de Liberté et de Fraternité, a été mis là, à mon sens fort improprement ; car il est de toute évidence qu'on ne l'a employé que par euphonie, sa terminaison étant la même pour l'oreille que les deux autres ; mais il est certain que dans l'esprit des auteurs, le mot « Justice » était bien celui qu'ils avaient la prétention d'offrir à leurs contemporains (qui les comprirent mieux que nous ne le faisons en général), comme une conquête aussi digne que la liberté, de tous les efforts réunis.

Pour avoir pris le mot « Egalité » dans son sens trop littéral, le peuple s'est abusé lui-même, et, en cherchant la réalisation d'une véritable utopie, a retardé de beaucoup sa marche en avant. D'autant plus que les gens intéressés à le voir piétiner sur place, se sont complus — sachant bien que telle qu'on l'envisageait, on ne l'obtiendrait jamais — à lui répéter que les trois mots de la grande devise républicaine étant inséparables, il n'obtiendrait l'un qu'autant qu'il jouirait des autres. Erreur ! Immense erreur !

Si nous savons donner à ces mots le juste sens qu'ils comportent, nous arriverons bientôt à conclure qu'un seul d'entre eux les contient tous trois.

Mais, raisonnons d'abord et voyons ce que c'est que l'égalité.

Combien de gens, penseurs médiocres, comme il en est malheureusement beaucoup trop — Je parle ici sans ménagements, n'ayant nulle envie de plaire ou de tromper ; mais de convaincre — Combien de gens, dis-je, n'entrevoient dans l'égalité, que le nivellement absolu des positions sociales.

Si encore ces pauvres égarés prétendaient aller du petit au grand, du faible au puissant, de l'humble au dominateur; du servilisme à la tyrannie même, cette marche ascendante sans amener les résultats désirés, n'en profiterait pas moins au progrès, puisque toute supériorité commande du travail, de l'application, de la réflexion; trois choses qui élèvent l'esprit, ce grand trait d'union des âmes; mais nous voyons la plupart, soit par paresse, par ineptie ou impuissance, souhaiter l'abaissement à leur taille de ce qui est plus grand qu'eux; l'affaiblissement de la puissance jusqu'a leur incapacité; la volonté tombée à la limite au dessus de laquelle ils ne peuvent ou ne veulent s'élever; en un mot, élaguer tout ce qui dépasse le niveau de ce qu'ils peuvent atteindre.

C'est là ce qu'ils entendent par ce mot. Egalité.

Et combien sont ainsi qui ne s'en doutent même pas!

La véritable égalité, la seule possible et vraiment digne de toutes nos aspirations est celle qui consiste à répartir intégralement les droits et les devoirs qui incombent à tous les citoyens d'une nation.

Tout privilège social est un abus.

Tout abus est naturellement une injustice qui détruit l'égalité.

Tout ce que l'on pourra dire pour prouver la raison d'être d'un privilège est nécessairement faux.

Le plus petit des privilèges rompt la ligne droite de la liberté de tous au profit d'un ou de plusieurs : d'où, plus d'égalité.

On ne peut blesser la liberté sans que l'égalité en souffre, tellement ces deux choses sont intimement liées

Mais, me dira-t-on, la Grande Révolution n'a-t-elle pas déclaré l'abolition de tous les privilèges ?

Et dire que nous en sommes encore là !

Quand l'on pense qu'il y a des gens qui croient que tout ce que la Révolution a édicté s'est accompli « ipso facto »

Eh bien! voulez-vous que je vous en cite des privilégiés? et vous jugerez alors jusqu'où va l'égalité chez nous.

Je ne parlerai pas du Chef de l'Etat, des ministres, des sénateurs, des députés qui, sous la République, sont nommés par nous et par cela même devraient être inattaquables tant qu'ils sont en possession de leur mandat, bien qu'ils soient, en réalité, les premiers à être éreintés, parceque nous ne savons à qui nous en prendre de nos désillusions; tandis que si nous marchions les yeux ouverts.....

Enfin voici une nomenclature assez instructive. Méditez:

Nous voyons encore comme gens privilégiés le notaire, l'avocat, l'huissier, l'avoué, le prêtre de toutes sectes, les religieux de tous ordres, les médecins, les pharmaciens, les carabins, les séminaristes, les instituteurs, certains artistes, les compagnies de voitures, de chemins de fer, des fabricants d'allumettes chimiques, en un mot, toute une partie de la nation, et non la moins éclairée, qui s'appuie sur nos institutions pour ruiner, détruire ou détériorer le restant, plus nombreux mais dominé pourtant.

Eh bien! je vous le demande; pourquoi, lorsque je veux hériter, me faut-il faire abandon d'une partie de ce qui me revient aux notaires, pour quelques papiers que j'écrirais mieux qu'eux?

Pourquoi, pour défendre une cause qui m'intéresse plus que personne, me force-t-on à prendre un avocat qui perdra mon procès et qu'il me faudra payer quand même, au lieu de me laisser servir par un ami de mon choix, qui me connait et pourrait trouver dans sa sympathie même, des arguments en ma faveur capables de me sauver? sans compter l'huissier et l'avoué qui viennent encore se greffer arbitrairement sur ma cause.

Doit-on justement dispenser certaines catégories de citoyens des devoirs généraux qui sont le partage de tous quand ces mêmes hommes jouissent des mêmes droits que chacun de nous ?

D'où vient qu'il est admis qu'un médecin peut tuer son malade par ignorance ; le pharmacien l'empoisonner par maladresse et le carabin l'estropier par inaptitude, lorsqu'on punira l'homme d'expérience, mais non patenté qui me sauve la vie quand tous m'ont abandonné ?

En admettant que tous les privilèges aient eu, en un moment donné, leur raison d'être, il est grandement temps de les faire disparaître, surtout si nous voulons établir le vrai principe de liberté et d'égalité qui nous sollicite.

N'exigeons pas ces deux choses tant qu'il existera des privilèges. Car souvenons-nous que, **concéder un privilège, c'est aliéner sa liberté.**

Signalons aussi pour mémoire, les abus administratifs, les empiétements du militarisme. En général, tout ce qui vit sur le budget se donne des airs de supériorité vis-à-vis de ceux qui les paient, que la bêtise de ceux-ci peut seule expliquer.

Il est donc urgent, si nous voulons amener l'ère de liberté et d'égalité, ou mieux encore, de Justice que nous espérons, de mettre chacun à sa place avec impossibilité d'en sortir. Cela peut être long, mais ce n'est pas infaisable.

Nous traiterons, du reste, la question des déclassés, dans laquelle figurent nécessairement les privilégiés, dans un chapitre spécial, et nous tâcherons de démontrer qu'il y a moins à faire pour faire rentrer tout ce monde gênant dans l'ordre général, que l'on ne se l'imagine communément.

V

La Fraternité.

Mot bien placé, celui-là, et qui exprime bien ce qu'il veut dire.

Mais comment interprète-t-on sa signification ? où, si nous la saisissons, comment la mettons-nous en pratique ? Fait-on le moindre effort pour supprimer les aspérités des relations sociales ? Loin de là : L'envie, la jalousie sont à peu près les seuls conseillers que nous consultons.

Nous chantons sur tous les tons l'hymme de la fraternité, et notre frère charnel est souvent celui pour lequel nous serions le moins disposé à faire des concessions, même d'amour propre.

Nous exaltons l'union de toutes les classes de la société ; et le pauvre hait le riche ; le riche dédaigne le misérable ; le patron est l'ennemi naturel de l'ouvrier ; le compagnon du devoir méprise le compagnon de liberté et vice versa ; le catholique raille le protestant, lequel n'est d'accord avec lui que pour maudire le Juif, et anathématiser le Mahométan qui le leur rendent bien ; l'artisan jalouse son voisin qui gagne 0,25 de plus que lui par jour.

Un bonheur qui nous arrive met une goutte de fiel dans la coupe de nos amis. La moindre supériorité porte ombrage. Celui-là même qui rend un service à son semblable, n'est pas sûr de n'être pas taxé par son obligé, d'orgueil et de prétention. Ah ! le tableau de la vie sociale a des laideurs de détails qu'il faut avoir la force d'envisager ; c'est peut-être le seul moyen d'en amener la correction.

Nous invoquons aussi fréquemment la concorde universelle, tout en calculant les chances que nous aurons à courir dans la prochaine guerre.

Nous possédons un tel amour de liberté pour nous-mêmes et un tel respect pour celle des autres, que nous rêvons l'annexion forcée d'une contrée indépendante.

Le respect de la vie de nos semblables est à ce point inné chez nous, que l'on ne parle plus que de fusils qui tuent à longue distance, mais sûrement; de canons qui vomissent la mort; d'engins qui exterminent des bataillons entiers.

Et l'on dit que le progrès adoucit les mœurs !

Est-ce donc un progrès que de perfectionner la destruction ?

Le véritable progrès eut été, au contraire de travailler à l'union des peuples libres chez eux, comme nous chez nous; à l'extinction des conflits sanglants, ou la férocité moderne, ne le cède en rien à la barbarie antique, quoiqu'on en dise.

Les Wisigoths, les Huns, les Francs, les Vandales etc., n'ont pas disparu de ce monde ; ils renaîtront tout entiers dans la guerre future comme ils se sont montrés dans la guerre passée.

Or, si l'on peut assigner des limites territoriales à la liberté, on ne localise pas la fraternité ; celle-ci, pour exister, doit être universelle. Celle que vous préconisez pour votre usage personnel ne peut donc être que très relative aussi.

D'où je conclus que la Liberté, la Justice ou l'Égalité prises dans ce sens, ainsi que la Fraternité sont des choses bonnes à méditer, tout en évitant l'écueil des illusions si souriantes aux esprits superficiels.

Travailler à l'obtention, dans la mesure du possible, de ces trois choses bienfaisantes est notre droit en même temps que notre devoir.

Et lorsque le fonctionnement régulier de nos comités ouvriers, établis sur les principes décrits dans la première partie de ce travail : « *Avenir de l'Ouvrier* », auront amené un résultat favorable, on s'apercevra alors, qu'il n'est pas aussi difficile que cela le paraît être, d'arriver à l'amélioration progressive de la situation du prolétaire.

Mais, encore une fois, faisons nos affaires nous-mêmes; donnons-nous la peine d'étudier les questions sociales sous leur véritable face, sans nous égarer dans des raisonnements diffus.

Nous voulons telle chose que nous déclarons la plus urgente. Nous l'étudions, nous la discutons entre nous, en tenant compte, bien entendu, de tous les intérêts, et nous la formulons nous-mêmes en loi, que nous invitons nos mandataires à voter, et à inscrire dans un code français.

Alors seulement, commencera l'ère de la véritable République. Je veux dire celle qui a pour législateurs, tout un peuple que le bon sens et l'esprit pratique rendra digne de la grande devise :

Liberté, Égalité (ou justice) et Fraternité!

A. DENIS.

Tours, Imp. Danjard et Kop, rue de l'Élysée, 39 — 162488